AF155893

Sous les auspices de

l'Université Pour Tous de

l'Artois

Dominique Catteau

Initiation à la logique

classique

Tome 1 – Cours

© 2021, Dominique Catteau
Édition : BoD – Books on Demand, 12/14 rond-point des Champs
Élysées, 75008 Paris
Impression : BoD - Books on Demand, Norderstedt, Allemagne
ISBN: 9782322397464
Dépôt légal : octobre 2021

*À Pierre Roubinet,
maître-assistant de philosophie
à la Faculté des Lettres de Lille,
formidable professeur de logique,
à qui ce petit livre doit presque tout.*

Avertissement

Ce tout petit livre n'est pas un ouvrage savant. Mais seulement un condensé rapide permettant de s'initier aux bases de la logique classique, c'est-à-dire à la fois de s'en faire une idée juste et suffisante, et d'apprendre à utiliser correctement les procédés de raisonnement qu'elle a mis à jour.

En conséquence les problèmes théoriques, à la fois métaphysiques, épistémologiques et scientifiques, se verront ici juste mentionnés en passant, mais jamais traités en profondeur. Même nos sources illustres, dûment mais simplement signalées, ne donneront lieu à aucun référencement précis.

Destiné au grand nombre, sans souci d'érudition, ce travail ne vise qu'à permettre à chacun, même sans connaissance technique préalable, de découvrir dans les logiques d'Aristote et des Stoïciens le minimum nécessaire pour s'accoutumer petit à petit à la pratique du raisonnement logique. Et par-dessus tout à se prémunir contre les sophismes et les raisonnements fallacieux.

A noter que ce petit livre résulte de cours menés en public, et qu'il se veut surtout utile pour les confirmer et les conforter.

Introduction historique rapide

La logique est née en Grèce aux Ve et IVe siècles avant notre ère.

La démocratie directe, inventée de façon tout à fait exceptionnelle à Athènes, mettait les citoyens en demeure de savoir parler en public de manière à exposer un point de vue capable d'emporter l'adhésion de ceux à qui ils s'adressent, soit pour voter les lois communes, soit pour arrêter les décisions du tribunal.

Aussitôt les Sophistes, des diplomates ou des avocats venus de tout le pourtour méditerranéen, se présentèrent comme des maîtres dans l'art de parler en public. Contre rémunération, ils l'enseignèrent à qui voulait payer pour cela. Comme la parole s'envole, leurs procédés relevaient plus de la rhétorique que de la logique : leur but n'étant que de convaincre, leurs moyens se résumaient à l'art de bien parler, c'est-à-dire de faire de beaux discours, susceptibles de ravir leur auditoire. La vérité de la progression et de la démonstration leur importait peu ou pas du tout, seule l'efficacité de la persuasion comptait.

Il fallut attendre que les philosophes, par réaction contre leurs excès, commencent à écrire leurs pensées, pour que le souci de la vérité du discours devienne effectif. Par écrit, les incohérences finissent toujours par apparaître. Platon, le premier à transcrire les dialogues de son maître Socrate, s'essaie à réfléchir sur les conditions logiques du discours, mais c'est son grand disciple qui créera et exposera pour de bon la discipline logique.

Aristote théorise donc le premier la logique des concepts, c'est-à-dire celle qui repose sur la mise en rapport d'un concept-sujet avec un concept-prédicat au sein d'une proposition catégorique, du type : « tous les hommes sont mortels ». Il dresse, sous cet aspect, la liste des raisonnements ou syllogismes corrects, et il s'appuie sur les lois qu'il en dégage pour réfuter les faux syllogismes ou sophismes.

Un peu plus tard, les Stoïciens ouvriront un nouveau chapitre de la logique, celui des propositions hypothétiques non décomposées en sujet et prédicat. Par principe matérialistes (seuls existent les êtres matériels), ils refusent l'existence des concepts, qui ne sont pour eux que des mots vides. Mais ils gardent le besoin de défendre leurs points de vue contre les attaques des autres écoles philosophiques. Il leur faut donc une autre logique, qui repose cette fois sur les énoncés d'existence ou d'action, du type : « il pleut » ou « Dion court ».

Au Moyen-Âge, les théologiens se passionnent à leur tour pour la logique héritée de l'antiquité, surtout celle d'Aristote, transmise par les philosophes arabes. En en faisant l'outil privilégié de leurs enseignements scolastiques, ils sont amenés en bons pédagogues à inventer une méthode mnémotechnique remarquable pour apprendre et retenir aisément tous les cas possibles de raisonnements corrects, ainsi que leurs procédés de démonstration.

La naissance de la science moderne (Descartes, etc.) rejette dans l'ombre les travaux logiques pour plusieurs siècles au profit de l'algèbre.

Beaucoup plus tard à la fin du XIXe siècle, ce sont les mathématiciens qui vont redécouvrir les logiques d'Aristote et des Stoïciens, les formaliser ou les mathématiser, en révéler les problèmes théoriques majeurs et leur donner enfin un développement scientifique considérable jusqu'à nos jours.

Définition de la logique

Vérité matérielle et vérité formelle

La logique est l'art ou la science – il n'y a pas lieu ici de distinguer soigneusement ces deux domaines, par ailleurs fort différents, de l'activité humaine – des raisonnements corrects, c'est-à-dire sans faute dans les enchaînements. C'est l'art de bien raisonner. C'est-à-dire de faire des raisonnements valides ou vrais formellement.

Il convient donc de distinguer deux façons de considérer la vérité dans un raisonnement quelconque.

La *vérité matérielle* : celle qui considère le *contenu* ou la matière des propositions qu'enchaîne le raisonnement. C'est-à-dire *ce qui est dit*. Toute proposition énonce quelque chose du réel, c'est-à-dire une signification qui correspond ou non à la réalité. La vérité matérielle a trait à ce qui est dit.

Par exemple quand je dis : « le soleil brille », cette proposition est vraie ou fausse matériellement selon ce qui se passe alors dans le réel où je me trouve.

Sa détermination repose sur des critères difficiles à établir, qui relèvent toujours de la philosophie proprement dite. La logique décide de ne pas s'en soucier.

La *vérité formelle* résulte de *la seule façon dont on dit les* choses, c'est-à-dire dont les propositions sont liées ensemble dans le raisonnement. On considère alors uniquement, de par une décision qui peut sembler arbitraire mais qui est aussi fort commode, *la manière* d'enchaîner une proposition à une autre pour en tirer une conclusion. Par la négative, la vérité formelle, celle qui ne s'intéresse donc qu'à la forme ou à la structure du raisonnement, consistera dans l'absence de contradiction interne, car la contradiction, on le verra abondamment, est l'ennemie absolue de la pensée logique. D'une façon ou d'une autre, le raisonnement faux formellement est celui qui comporte une contradiction, quel que soit son contenu (matériel) par ailleurs.

Par exemple, si je dis que les ânes pourraient voler s'ils avaient des ailes, j'ébauche un raisonnement formellement correct, mais faux matériellement.

La logique, comme les mathématiques, ne s'intéresse qu'à la vérité formelle, pas du tout à la vérité matérielle. Ce qui permet aux logiciens de raisonner avec toutes les propositions les plus incongrues. Et aux mathématiciens de le faire avec des x et des y, dont ils ne veulent même pas savoir ce qu'ils signifient.

On peut noter en passant que ces deux vérités (matérielle et formelle) sont à la fois indépendantes l'une de l'autre dans leurs définitions respectives, et partiellement dépendantes dans leurs usages. D'un côté, je peux raisonner juste (vérité formelle) avec des propositions fausses (vérité matérielle). Donc il ne suffit pas qu'un raisonnement soit vrai formellement pour qu'il le soit aussi matériellement. Mais si je raisonne mal (fausseté formelle), la vérité matérielle de ma conclusion sera menacée. Car le vrai (matériel) ne peut pas se contredire. Bref la logique d'un raisonnement (sa vérité formelle) est la *condition nécessaire mais non-suffisante* de la vérité matérielle de sa conclusion. C'est pourquoi Aristote le premier a défini la logique comme le simple instrument (*organon*) de la vérité. Si je veux atteindre une conclusion vraie matériellement, la logique du raisonnement doit être assurée, mais elle ne suffit pas, car, en logique comme en mathématiques, il ne suffit que mon raisonnement soit correct pour que sa conclusion soit vraie dans son contenu. Il le faut, sinon il y a nécessairement une erreur quelque part, mais ça n'est pas suffisant.

Bref il est nécessaire de ne pas se contredire pour espérer s'approcher de la vérité, mais ça n'est jamais suffisant.

Les principes de la pensée

C'est encore Aristote qui a formulé le premier les principes de toute pensée ou parole (*logos*), c'est-à-dire ce qu'il faut admettre nécessairement avant toute énonciation ou démonstration de quoi que ce soit.

Ces principes se résument à trois, qui finalement reviennent tous au même, et disent la même chose, en développant des points de vue complémentaires :

1- Le principe d'identité :
Une chose est nécessairement ce qu'elle est, elle est identique à elle-même (notons bien qu'Aristote a l'intelligence de préciser : *au même moment au même point de vue*).
A est A.

2- Le principe de non-contradiction (souvent abrégé sous la forme de principe de contradiction) :
Une chose n'est pas ce qu'elle n'est pas, il est impossible qu'elle soit autre que ce qu'elle est (*au même moment au même point de vue*).
A n'est pas non-A.

3- Le principe du tiers-exclu :
Une chose est ou bien ceci, ou bien non-ceci, il n'y a pas de troisième solution entre ce qu'elle est et ce qu'elle n'est pas.
A est ou bien B, ou bien non-B, sans troisième solution.

Quand je dis quelque chose, je suppose nécessairement (sinon je me condamne à ce que personne ne puisse décider de ce que j'ai dit, même pas moi) que ce que je dis veut dire ce que je dis (*identité*), et rien d'autre. Et donc qu'il ne puisse vouloir dire ce que je ne dis pas (*non-contradiction*), et qu'entre ce que je veux dire et ce que je ne veux pas dire, il n'y pas de troisième solution (*tiers-exclu*).

Aristote prévoyait déjà les objections qu'on pouvait croire faire à ces principes, et leur réfutation.

Certes il est impossible de les démontrer, car pour ce faire, il faudrait les utiliser. Mais inversement il est tout aussi impossible de les refuser, car toute prétendue démonstration de leur nullité supposerait également leur usage. En fait, dès qu'on parle pour essayer de se faire entendre, on les utilise. Et celui qui les rejetterait et voudrait ne pas se contredire, serait contraint de se taire.

Deux logiques

On distingue deux logiques, ou plutôt deux grands chapitres de la même et unique logique.

1- La logique des concepts, dite aussi logique des classes ou logique des propositions catégoriques. C'est initialement celle d'Aristote.

On préfère aujourd'hui parler de la *logique des propositions analysées*.

2- La logique des propositions, dite encore logique des propositions hypothétiques. Celle des Stoïciens.

Aujourd'hui on dit, sans élégance mais avec une clarté maximum, *logique des propositions inanalysées.*

Première partie

Logique des propositions

analysées

La proposition analysée est la formulation moderne de la proposition catégorique ou prédicative.

Une proposition analysée est une proposition qu'on peut décomposer (analyser), dans la mesure même où elle consiste en une mise en rapport de deux concepts : un sujet et un prédicat ; un concept-sujet et un concept-prédicat.

Exemple :
Tous les corps occupent un certain espace
    Sujet   *prédicat*

Le concept

Définition

Le concept est un ensemble ou une idée générale ou encore une classe, qui inclut un certain nombre d'espèces ou de sous-ensembles, ou un certain nombre d'êtres individuels.

Les êtres qui nous entourent sont tous singuliers, datés et situés, sensibles (accessibles par les sens).
Exemple : ce chien, cet homme.

Le concept est général, indépendant du temps et du lieu, pensable.
Exemple : le chien, l'homme.

On peut le définir à deux points de vue différents :
- selon sa compréhension : ensemble des qualités qui appartiennent au concept.
- selon son extension : liste des individus qui le composent.

Classification

Au point de vue de l'extension, on distingue essentiellement :
- les concepts universels, c'est-à-dire les concepts qu'on prend universellement en leur ajoutant un quantificateur universel.

Exemple : tous les hommes, aucun chien.

- les concepts particuliers, c'est-à-dire les concepts qu'on prend particulièrement en leur ajoutant un quantificateur particulier.

Exemple : quelques hommes, quelque chien.

On peut ajouter qu'un concept peut encore être utilisé de façon singulière : *Jules* ou *Médor*... La logique considère en fait les concepts singuliers, tantôt comme des concepts universels, tantôt comme des concepts particuliers, selon le contexte. Il ne lui est donc pas forcément utile de les traiter à part.

La définition

Une définition consiste à exprimer ou formuler explicitement la compréhension d'un concept.

Les Scolastiques en ont détaillé cinq règles, tirées du simple bon sens, destinées à apprécier leur pertinence :

1- Elle doit être convertible avec le défini, c'est-à-dire n'être ni plus large ni plus étroite.
2- Elle doit être plus claire que le défini.
3- Elle ne doit pas contenir le défini.
4- Elle ne doit pas être purement négative.
5- Elle doit être brève.

C'est surtout à partir de la négation de ces règles qu'on comprend leur bien-fondé.

Le jugement catégorique

Définition

Penser, c'est juger, disait Kant, et juger c'est relier quelque chose à autre chose. Juger c'est affirmer (ou nier) quelque chose à propos d'autre chose. Ou encore c'est attribuer une certaine appartenance à une certaine classe d'individus.

Le jugement catégorique ou prédicatif

Exemple :
Les hommes sont mortels.

J'affirme alors que les hommes font partie des mortels ou que la qualité « mortel » appartient aux hommes.

Ce type de jugement établit un lien entre deux concepts (*homme* et *mortel*), l'un étant le sujet et l'autre le prédicat, ou encore entre un concept-sujet et un concept prédicat.

Le lien est exprimé de façon préférentielle par l'intermédiaire du verbe *être*, qui est appelé la *copule* (du latin *copulare* : relier). Donc sous la forme générale :

sujet – copule – prédicat

En français courant, le lien peut fort bien être exprimé de façon élégante.

Exemple :

Aucun enfant ne croit plus au Père Noël.

La forme prédicative

Par convention et plus encore par souci de clarté et de simplification, la logique préférera *la forme prédicative* ci-dessus définie, c'est-à-dire l'usage systématique, parfois franchement inélégant, de la copule *être*. Notre exemple deviendra donc :

Aucun enfant n'est plus croyant au Père Noël.

Tant pis pour la tournure. Les logiciens ne se soucient pas de la beauté de la phrase mais de sa rigueur.

Les quatre types de propositions

Il y a deux façons fondamentales de distinguer les propositions prédicatives :

- *au point de vue de leur qualité* : elles peuvent être soit affirmatives, soit négatives.

- *au point de vue de leur quantité*, c'est-à-dire notons-le bien, de la quantité du concept-sujet : elles sont soit universelles, soit particulières.

Ce qui donne quatre types fondamentaux de propositions prédicatives :

1- universelles affirmatives :
Tous les escargots aiment l'humidité[1].

2- universelles négatives :
Aucun privilège n'est supportable en démocratie.

3- particulières affirmatives :
Quelques politiciens sont corrompus.

4- particulières négatives :
Quelques arbres ne sont pas résineux.[2]

---

[1] En logique « *tous les...* » est équivalent à « *tout...* » et
« *quelques...* » est équivalent à « *quelque...* ».
[2] « *Tous les... ne sont pas ...* » signifie en fait « *Quelques... ne sont pas...* »

Le carré du jugement

Les logiciens ont pris l'habitude séculaire de disposer les quatre types de propositions sous la forme du carré suivant, appelé le carré du jugement (prédicatif) :
- en deux lignes pour leurs quantités
- en deux colonnes pour leurs qualités

A
(universelle affirmative)

E
(universelle négative)

I
(particulière affirmative)

O
(particulière négative)

A est la première voyelle de *Affirmo..*
E est la première voyelle de *nEgo..*
I est la deuxième voyelle de *affIrmo..*
O est la deuxième voyelle de negO.

La méthode des cercles

Inventées par Euler, un scientifique suisse (1707-1783), cette méthode permet très utilement de visualiser les relations logiques exprimées par les propositions.

Tous les hommes sont bons   Aucun homme n'est bon

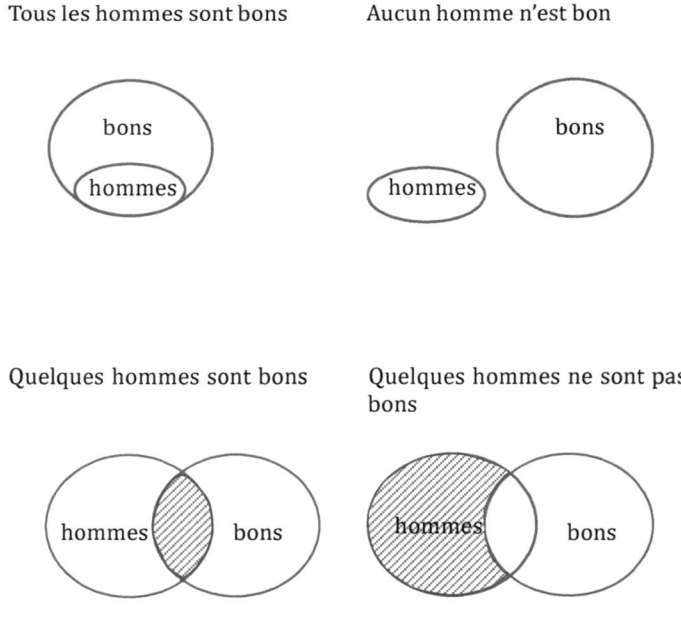

Quelques hommes sont bons   Quelques hommes ne sont pas bons

Les jugements opposés

Les jugements opposés sont des jugements qui ont la même matière, c'est-à-dire les mêmes concepts sujet et prédicat, mais qui diffèrent par leur forme, c'est-à-dire par leur quantité et/ou qualité.

Chacun des rapports logiques entre les propositions opposées a reçu un nom approprié :

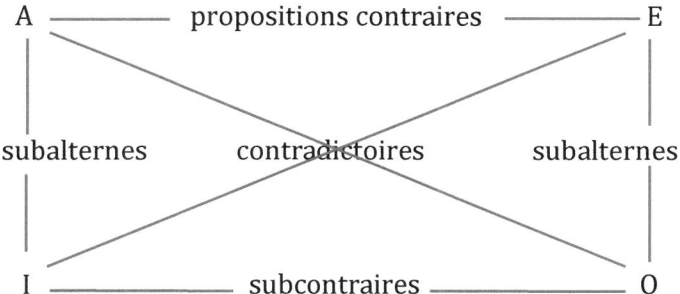

Exemple :

« *Tous les champignons sont bons à manger* » (A) est la contraire de « *aucun champignon n'est bon à manger* » (E) mais la contradictoire de « *quelques champignons ne sont pas bons à manger* » (O). C'est encore la subalternante de « *quelques champignons sont bons à manger* » (I).

Définition des oppositions de jugements

Les propositions contraires sont des propositions qui ont la même quantité (toutes les deux universelles), mais des qualités différentes (une affirmative, une négative).

Deux propositions *subcontraires* sont des propositions qui ont la même quantité (toutes les deux particulières), mais des qualités différentes (une affirmative, une négative).

Deux propositions *contradictoires* sont des propositions qui diffèrent à la fois par leurs quantités et leurs qualités.

Deux propositions *subalternes* sont des propositions qui ont la même qualité (toutes les deux affirmatives, ou toutes les deux négatives), mais qui diffèrent par leurs quantités (une universelle, la subalternante ; et une particulière, la subalternée.

Exercice

1- Trouver la contradictoire de :
Tous les chemins mènent à Rome.

2- Trouver les trois jugements opposés de :
La parole est quelquefois source de malentendus

3- Trouver la contradictoire de la subalternée de :
Il n'y a pas de fumée sans feu

4- Trouver la subalternée de la contraire de la
subalternante de :
Quelques professeurs ne sont pas pédagogues.

Les inférences immédiates

Une inférence immédiate (sans médiation ou intermédiaire) consiste à induire la vérité ou la fausseté d'une proposition à partir de la seule vérité ou fausseté d'une de ses propositions opposées.

Les règles qui autorisent ces inférences proviennent directement des rapports des propositions opposées entre elles :

Les contraires
- *rapports mutuels* :
Deux propositions contraires ne peuvent pas être vraies ensemble, mais elles peuvent être fausses ensemble.
- *règle* :
Si l'une est vraie, l'autre est fausse.

Les contradictoires
- *rapports mutuels* :
Deux propositions contradictoires ne peuvent être ni vraies ni fausses ensemble.
- *règles* :
Si l'une et vraie, l'autre est fausse.
Si l'une est fausse, l'autre est vraie.

Les subcontraires
-*rapports mutuels* :
Deux propositions subcontraires peuvent être vraies ensemble, mais non fausses ensemble.
-*règles* :
Si l'une est fausse, l'autre est vraie.

Rapports mutuels :

Deux propositions subalternes ne peuvent être que vraies ensemble dans le sens descendant, et ne peuvent être que fausses ensemble dans le sens remontant.

- règles :

Si la subalternante est vraie, la subalternée l'est aussi, à plus forte raison.

Si la subalternée est fausse, la subalternante l'est aussi.

Tableau récapitulatif

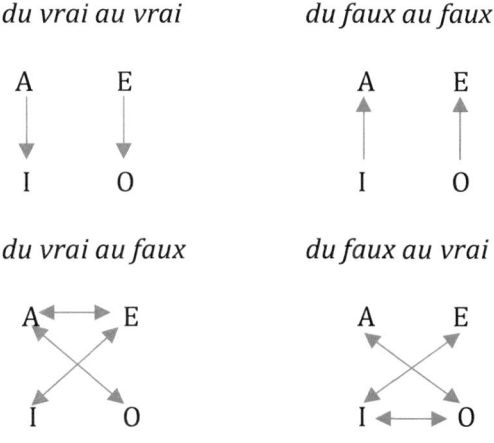

Exercice

1- Que peut-on inférer de vrai avec :
Quelques avocats sont sans scrupule = vrai

2- Que peut-on inférer de vrai avec :
Quelques avocats sont sans scrupule = faux

3- Que peut-on inférer de faux avec :
Quelques avocats sont sans scrupule = vrai

4- Que peut-on inférer de faux avec :
Quelques avocats sont sans scrupule = faux

Les propositions équivalentes

Les propositions équivalentes ou équipollentes, sont des propositions qui ont la même valeur de vérité, c'est-à-dire qui disent la même chose des mêmes concepts, ou en tout cas pas davantage, mais éventuellement avec des qualités et des quantités différentes, ou dans un ordre différent.

On les obtient par les opérations logiques suivantes :

1- L'obversion

Elle consiste à changer la qualité d'une proposition et en même temps à contredire le prédicat. On déplace alors la négation depuis la copule sur le prédicat, ou l'inverse.

Deux propositions obverses sont des propositions qui ont le même sujet, mais une qualité différente et des prédicats contradictoires.

Ce verre est vide. / Ce verre n'est pas plein si peu que ce soit.

L'obversion servira surtout à transformer une proposition négative en proposition affirmative.

Les méchants ne sont jamais punis.
Les méchants sont toujours non-punis. (ou impunis)

2- La conversion

Elle consiste à intervertir le sujet et le prédicat d'une proposition, sans changer sa valeur de vérité.

Deux propositions converses ont les mêmes sujet et prédicat mais dans l'ordre inverse.

Attention ! pour pouvoir réaliser la conversion sans faute, il faut connaître la quantité (sous-entendue dans le langage courant) du prédicat.

Règle :
- Dans une proposition affirmative, le prédicat est pris particulièrement.

Tous les Français sont chauvins = tous les Français sont une partie *des chauvins.*

- Dans une proposition négative, le prédicat est pris universellement.

Aucun singe n'est un animal à plumes = Aucun singe n'est inclus nulle part dans l'ensemble entier *des animaux à plumes.*

Selon la proposition qu'on convertit, il y aura donc deux types de conversion :

1- La *conversion simple* : interversion des sujet et prédicat sans changement de la quantité du sujet. Elle est réservée aux propositions E et I.

Aucun cheval n'est ailé. / Aucun ailé n'est cheval.

Quelques hommes sont machos. / Quelques machos sont hommes.

2- La *conversion par accident :* interversion des sujet et prédicat avec diminution de la quantité du sujet. Elle est réservée à la proposition A, sinon c'est un sophisme.

Tous *génies sont méconnus. / Quelques méconnus sont des génies.*
Et non pas : *Tous les méconnus sont des génies.* (ce qui serait beaucoup trop beau !)

La proposition O ne se convertit pas.

3- La contraposition

Réservée à la proposition O, elle consiste dans la succession d'une obversion et d'une conversion.

Quelques Français ne sont pas Parisiens.
Obversion : *Quelques Français sont non-parisiens.*
Conversion (simple) : *Quelques non-parisiens sont français.*

Quelques Français ne sont pas parisiens.
Quelques Français sont non parisiens.
Quelques non parisiens sont français.

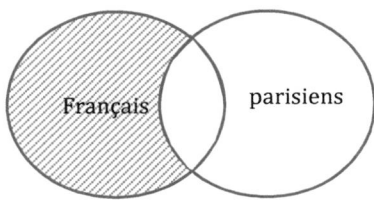

Quelques parisiens ne sont pas français.

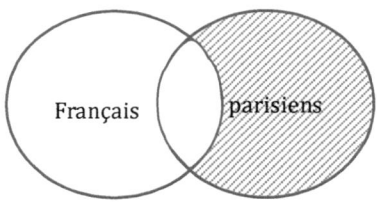

On voit bien que ces propositions ne disent pas la même chose.

Le raisonnement catégorique

Raisonner, c'est enchaîner des propositions de manière à en tirer une conclusion. L'art du raisonnement, c'est l'art du raisonnement formellement vrai.

Il faut donc partir de deux propositions au minimum, qu'on appelle les *prémisses*. Et tout raisonnement comportant plus de deux propositions est susceptible d'être ramené à une suite de raisonnements à deux prémisses.

Chaque prémisse contient deux termes ou concepts, mais l'un d'eux doit se retrouver dans les deux prémisses, pour y servir d'intermédiaire, ce qui fait trois termes en tout, ni plus ni moins, dans les prémisses. La conclusion déduit un nouveau rapport entre les deux termes extrêmes.

L'enchaînement est donc fondé sur la transitivité : deux termes liés à un même troisième, sont liés entre eux.

$$A = B$$
$$B = C$$
$$Donc\ A = C$$

Le syllogisme catégorique

Les prémisses seront toujours une des quatre propositions catégoriques (A E I O). C'est en combinant ces quatre types de propositions fondamentales qu'on va construire les raisonnements ou les *syllogismes* (catégoriques).

Intervenant deux fois pour assurer le lien, B est appelé le *Moyen Terme* (M). Les deux autres, liés ensemble par un même troisième, s'appellent le *Grand Terme* (T) et le *Petit Terme* (t).

Les deux prémisses s'appellent respectivement la *Majeure* et la *Mineure*.

La Majeure contient le Grand Terme et le Moyen Terme. La Mineure contient le Petit Terme et le Moyen Terme. La conclusion reprend le Petit Terme comme sujet, et le Grand Terme comme prédicat.

Majeure :   T – M
Mineure :   t – M
Conclusion :   t – T

Exemple universellement célèbre :

Tous les hommes sont mortels.
Tous les Grecs sont des hommes.
Donc tous les Grecs sont mortels.

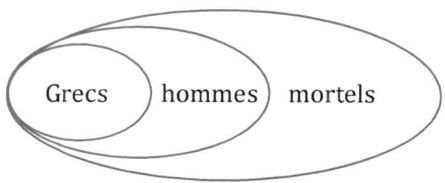

Tous *les hommes sont mortels* (majeure de type A)
Tous les Grecs sont hommes (mineure A)

Le concept « homme » se retrouve dans les deux prémisses. C'est lui qui va permettre le rapport logique de l'une à l'autre dans la mesure où il joue le rôle d'intermédiaire entre les deux concepts extrêmes (« mortels » et « Grecs ») : c'est le moyen terme (M). La conclusion tirera donc le rapport entre ces extrêmes au *moyen* du moyen terme (« homme ») :

Donc tous les Grecs sont mortels

Le sujet de la conclusion est ici inclus dans son prédicat, il est donc plus petit (petit terme, t) que ce dernier (grand terme, T).
On va voir ci-après que le Moyen Terme peut occuper différentes places dans les prémisses.

Les figures du syllogisme catégorique

Dans chaque prémisse, le Moyen Terme peut être tantôt sujet, tantôt prédicat. Cette place variable sert à définir les figures du syllogisme.

Les quatre combinaisons possibles définiront les quatre *figures* du syllogisme :

	1ère figure	2e figure
majeure	M – T	T – M
mineure	t – M	t – M
conclusion	t – T	t – T

	3e figure	4e figure
majeure	M – T	T – M
mineure	M – t	M – t
conclusion	t – T	t – T

Dans la 1ère figure, le Moyen Terme est sujet dans la majeure, prédicat dans la mineure. Les logiciens du Moyen-Age l'appelle *sub-prae* (*subjectum* dans la majeure – *praedicatus* dans la mineure).

La seconde figure est appelée *prae-prae*,

la troisième, *sub-sub*,

et la quatrième, *prae-sub*.

Les modes

Dans chacune des quatre figures, les trois propositions du syllogisme (majeure, mineure, conclusion) peuvent varier en quantité et en qualité, c'est-à-dire être l'une ou l'autre des quatre propositions fondamentales : A, E , I ou O.

Il y aura donc un nombre appréciable de combinaisons possibles, qu'on appelle les *modes* du syllogisme :

4 propositions possibles (A, E, I ou O) pour 3 propositions dans le syllogisme majeure, mineure, conclusion), soit $4^3 = 64$ combinaisons.

Et comme elles peuvent être réparties selon les 4 figures, cela donne 64 x 4 = 256 modes, théoriquement possibles.

Heureusement pour nous, un grand nombre de ces combinaisons théoriques sont incorrectes ou invalides logiquement, c'est-à-dire entrent en contradiction avec les règles du syllogisme qui définissent leurs conditions de validité.

Il en restera 19 modes corrects, et éventuellement 6 supplémentaires, qui sont valides également, mais dont les conclusions sont atténuées (particulières, alors qu'elles pourraient être universelles).

Les règles du syllogisme catégorique

Elles se répartissent en deux catégories :
-quatre règles concernant les termes
-quatre règles concernant les propositions.

Règles concernant les termes

1- Il faut 3 termes, ni plus ni moins.

Concrètement il faut veiller à ce que le moyen terme soit bien pris dans le même sens dans les deux prémisses, faute de quoi, il y aurait 4 termes, et non 3.

2- Les termes ne doivent pas recevoir dans la conclusion une quantité plus grande que dans les prémisses.

3- Le moyen terme ne doit pas être repris dans la conclusion.

4- Il faut que le moyen terme soit pris au moins une fois universellement.

S'il est pris deux fois particulièrement, il n'y a aucune conclusion (car rien ne dit que les deux parties coïncident).

Règles concernant les propositions

1- Deux prémisses affirmatives ne peuvent engendrer une conclusion négative.

2- Deux prémisses négatives n'autorisent aucune conclusion.

3- La conclusion suit toujours le parti de la prémisse la plus faible.

Au point de vue de la quantité, une proposition négative est plus faible qu'une proposition affirmative.

Au point de vue de la qualité, une proposition particulière est plus faible qu'une proposition universelle.

En fait, si l'une des prémisses est négative, la conclusion l'est aussi.

Et si l'une des prémisses est particulière, la conclusion l'est aussi.

4- Deux prémisses particulières n'autorisent aucune conclusion.

Table des modes valides

Au XIIe et XIIIe siècles, les théologiens ont récupéré la logique d'Aristote pour laquelle ils se passionnent, et à laquelle ils ne tardent pas à attribuer une place centrale dans leur enseignement scolastique. En conséquence, ils y entraînent assidûment – certains diront vite : exagérément – leurs étudiants et en profitent pour en développer la pédagogie en inventant un *système mnémotechnique* destiné à alléger le considérable effort de mémoire à fournir par tous ceux qui prétendent la maîtriser. Il s'y trouve en effet tellement de choses à retenir, types de propositions et de raisonnements, figures et modes des syllogismes, procédés de démonstration, qu'une méthode de mémorisation efficace est vite apparue indispensable à tout le monde.

Se pose alors une question très pratique, surtout en des temps où le livre est rare : comment faire pour parvenir à retenir toutes les combinaisons correctes, sans se tromper ?

C'est là que nos théologiens-logiciens sont intervenus en mettant patiemment au point un remarquable moyen mnémotechnique pour soulager la mémoire, aussi bien des enseignants que de leurs étudiants. Ils forgèrent de toute pièce une sorte de poème de quatre vers, composé de mots d'allure latine, mais en fait complètement artificiels et conventionnels :

Barbara celarent darii ferio
Cesare camestres festino baroco
Darapti felapton disamis datisi bocardo ferison
Bamalip camenes dimatis fesapo fresison.

Chaque vers, dans l'ordre, renvoie à une figure du syllogisme. Et chaque mot en caractérise un mode. Dans chacun d'eux les trois voyelles indiquent, toujours dans l'ordre, le type de propositions (A, E, I ou O) pour la majeure, la mineure et la conclusion. Par exemple, le mode en Barbara est composé ainsi :

- majeure = proposition A (universelle affirmative)
- mineure = proposition A (universelle affirmative)
- conclusion = proposition A (universelle affirmative)

Premier et principal mode du syllogisme de la 1ère figure (puisqu'il se trouve dans le premier vers), il est de fait la clé de voûte de toute la logique des propositions analysées. Fondé sur la transitivité de l'inclusion, il exprime le principe fondateur de tous les raisonnements catégoriques : ce qui est inclus dans un ensemble, lui-même inclus dans un autre ensemble plus vaste encore, est nécessairement inclus dans ce dernier. La partie de la partie est nécessairement la partie du tout, pars partis, pars totius. Si les Grecs font partie des hommes, et si les hommes font partie des mortels, alors nécessairement les Grecs font partie des mortels. Refuser ce principe, ce serait refuser toute la logique des syllogismes catégoriques.

Ainsi donc, si l'on décide par exemple de construire un syllogisme en *festino*, on sait que ce vocable étant placé dans le deuxième vers, il aura la figure n°2, c'est-à-dire que le moyen terme sera en *prae-prae*, prédicat en majeure et prédicat en mineure :

T – M
t – M
t – T

De plus on sait que les 3 propositions dudit syllogisme seront dans l'ordre de *festino* :
majeure = E (universelle négative)
mineure = I (particulière affirmative)
conclusion = O (particulière négative).

Exemple :

           T   M
Aucun loup n'est vraiment solitaire (E)
           t   M
Quelques rats sont vraiment solitaires (I)
           t   T
Quelques rats ne sont pas des loups (O)

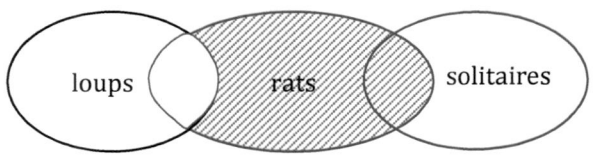

De même pour tous les autres modes.

Démonstration des syllogismes

Ce n'est pas tout. À l'intérieur de chaque mot conventionnel, certaines lettres indiquent les opérations logiques à effectuer pour démontrer la validité du mode qu'il désigne.

Ainsi la première lettre, toujours B, C, D ou F, indique le mode de la 1ère figure (tous dérivés du *Barbara*) auquel il faut parvenir par transformations logiques du mode qu'on veut démontrer. Par exemple, un *camestres* sera transformé en un *celarent* équivalent.

Le *m* prévient que pour ce faire, il faudra permuter (*mutare*) les prémisses.

Le *s* demande d'opérer une conversion simple (*simplex*) sur la proposition dont la lettre est placée juste devant lui.

De même le *p* exige une conversion par accident (*per accidentem*).

Et le *c* souligne que le mode qui le contient (seuls 2) ne peut pas être démontré positivement comme les autres selon ce qu'on vient de dire, mais seulement par l'absurde ou la contradiction (*contradictio*).

Les autres lettres n'ont pas de signification, elles ne sont que d'usage euphonique.

Par exemple, supposons qu'un interlocuteur refuse de reconnaître la validité du syllogisme suivant :

Aucun harcèlement sexuel n'est légitime.

Pourtant presque partout les harcèlements sexuels restent tous légaux,

Donc certains comportements légaux ne sont pas légitimes.

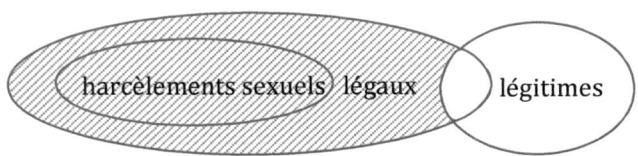

Il me faut d'abord trouver la figure et le mode de ce raisonnement.

Comme le moyen terme est sujet dans la majeure et sujet également dans la mineure, j'ai affaire à un mode de la 3ᵉ figure, *sub-sub*.

Comme la majeure est une proposition E (universelle négative), la mineure une A (universelle affirmative) et la conclusion une O (particulière négative), j'ai donc affaire à un syllogisme du mode EAO = *felapton*.

Pour démontrer sa validité à l'incrédule, il n'y a plus qu'à suivre les indications du mot mnémotechnique.

Le f initial m'indique que je dois le transformer en un *ferio* de la première figure, où le moyen terme sera sujet dans la majeure et prédicat dans la mineure.

De plus le p de *felapton* me dit de réaliser une conversion *P*ar accident sur la proposition située devant lui, la mineure A.

J'obtiendrai donc :
- majeure inchangée :
Aucun harcèlement sexuel n'est légitime.

- mineure convertie par accident :
Quelques-unes des choses légales sont les harcèlements sexuels.

- conclusion inchangée :
Donc certains comportements légaux ne sont pas légitimes.

J'ai bien le moyen terme (harcèlements sexuels) sujet dans la majeure, prédicat dans la mineure. Soit un syllogisme de la première figure.

J'ai la suite de propositions suivante :

majeure = E

mineure = I

conclusion = 0

Donc syllogisme en *ferio* :

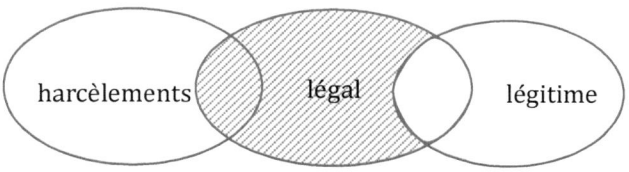

On voit donc que la conclusion affirme de la même manière que dans le *felapton* de départ, qu'à coup sûr, l'intersection entre « légal » et « harcèlements » est exclue de « légitime ». On aboutit bien à la même conclusion, qui a de ce fait la même valeur de vérité.

Les démonstrations des 19 modes valides suivent toutes le même chemin : grâce à quelques transformations en propositions équivalentes, aboutir à la même conclusion par un syllogisme de la première figure.

Démonstration du baroco

Ceci est valable pour tous les modes, sauf deux. Deux modes, seuls parmi les 19, ne peuvent pas être ramenés à un mode équivalent de la première figure. Leur démonstration directe, ou positive, est impossible. On ne pourra les démontrer que par l'absurde, ou la contradiction. Ce sont les modes en *baroco* (2e figure) et *bocardo* (3e figure).

Dans chacun de ces deux modes on trouve exceptionnellement la lettre c, qui indique que la démonstration ne se fait que par la contradiction.

Il convient ici d'ouvrir une parenthèse historique.

Contrairement à ce qu'on pense, répète et écrit encore un peu partout, le mot « baroque » ne tire pas son origine du portugais du XVIe siècle, *baroco*, qui, comme chacun sait, désigne une perle irrégulière, aux formes incongrues. Ou plutôt cette dérivation n'est en fait que secondaire, dans la mesure où elle provient elle-même d'une autre origine, elle-même un peu plus lointaine.

En fait il y a au mot baroque une origine absolue, qu'on peut repérer avec une certaine précision, dont probablement le mot portugais n'a fait lui-même que dériver secondairement par le détour de quelques transmissions d'usage plus ou moins courant, dont il restera difficile d'établir jamais le parcours exact, tant le hasard des rencontres et des échanges culturels y a joué vraisemblablement un rôle majeur. En revanche l'origine véritable est certaine et absolue à la fois. Il est en effet impossible de remonter plus haut dans le temps. Pour la simple raison qu'il s'agit d'un mot totalement artificiel, en fait purement conventionnel, forgé de toutes pièces à un moment donné pour un usage précis, et même spécialisé.

Dans la présente mnémotechnique des théologiens du Moyen-Âge, on comprend ici à propos du mot *baroco* :

1- **La signification** conventionnelle de ses lettres : **b** pour *Barbara* (mode fondamental du syllogisme auquel il faut le référer pour le démontrer) ; **a**, **o**, **o**, pour ses trois propositions dans l'ordre (majeure universelle affirmative, mineure particulière négative, conclusion particulière négative) ; et **c** pour démonstration par la contradiction. Seul le **r** n'est qu'euphonique.

2- **Son sens** : *baroco*, mode de la deuxième figure du syllogisme catégorique, ne peut tirer la démonstration de sa validité logique qu'en s'écartant de la voie positive habituelle au profit d'une méthode inusitée, le raisonnement par l'absurde, méthode exceptionnelle, détournée, indirecte, seulement négative, littéralement extravagante ou anormale, en dehors de la norme et des sentiers battus. D'où le sens qui lui est resté attaché.

3- **Son histoire** : qui commence absolument aux XIIe et XIIIe siècles avec cette invention parfaitement artificielle et intégralement conventionnelle. Ce qui exclut toute ascendance encore antérieure, et la situe bien avant sa dérivation portugaise du XVIe siècle. Certes l'invention proprement dite reste difficile à dater avec précision, tant il est vraisemblable qu'elle a été élaborée peu à peu grâce à des esquisses, des tentatives et des améliorations nombreuses, auxquelles beaucoup de théologiens-logiciens ont dû travailler ensemble, avant de parvenir à un résultat fixé.[3]

La démonstration se fait ainsi :
Baroco. 2e vers, donc 2e figure.
Majeure A, mineure O, conclusion O.
Seule démonstration possible, exceptionnelle sinon un peu bancale : l'absurde ou la contradiction. Impossible de démontrer qu'il est vrai et qu'il faut l'accepter, mais aisé de démontrer qu'il est impossible qu'il soit faux, et donc de le refuser.
Par exemple, 2e figure, AOO :

Tous les logiciens sont au courant de l'origine du mot baroque (A)
Quelques étymologistes ne sont pas au courant de l'origine du mot baroque (O)
Donc quelques étymologistes ne sont pas logiciens. (O)

---

[3] On trouve l'apparition explicite et détaillée de cette mnémotechnie dans les *Summulae logicales* (vers 1235-1240) attribuées à Pierre d'Espagne, et dont on sait qu'elles furent la base de l'enseignement de la logique pendant tout le reste du Moyen-Âge. Ce traité inspirera à son tour le *Compendium logicae* de Buridan en 1487. Ce sont exactement les pages 240 et suivantes des *Summulae logicales* dans l'édition de 1586 (Venise, *apud Floravantem à Prato*) qui contiennent la présentation complète du syllogisme en baroco.

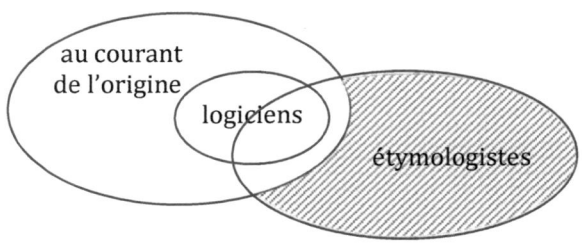

Impossible de transformer ce *baroco* en un *Barbara* équivalent. Il ne reste plus qu'à raisonner par l'absurde : pour convaincre de sa validité un éventuel contestataire, c'est-à-dire quelqu'un qui accepterait ses deux prémisses mais refuserait sa conclusion en la déclarant illogique, il faut construire avec lui un *nouveau* syllogisme avec la même majeure mais avec une mineure différente.

Pour celle-ci, on prendra la conclusion du *baroco* initial, refusée par le contestataire, mais contredite : soit sa contradictoire, qu'il sera donc contraint d'admettre comme vraie, puisque deux contradictoires ne peuvent être ni vraies ni fausses ensemble (si l'une est fausse, comme ici, l'autre est nécessairement vraie). On obtiendra donc :

Tous les logiciens sont au courant de l'origine du mot baroque. (A)
Tous les étymologistes sont logiciens. (A)

Nouveau raisonnement qui amène à la conclusion suivante :

Tous les étymologistes sont au courant de l'origine du mot baroque. (A)

Notre contestataire est contraint d'admettre cette nouvelle conclusion pour ce *nouveau* syllogisme, en *Barbara* cette fois, ni plus ni moins.

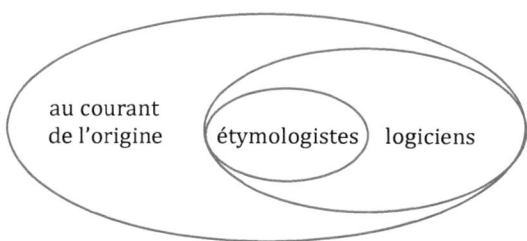

On voit bien que c'est un nouveau syllogisme, la présentation par les cercles ne se superpose pas à la précédente.

Mais en acceptant cette nouvelle configuration, notre contestataire se contredit, car il avait précédemment accepté la mineure du *baroco* initial, qui est en fait la contradictoire de la conclusion du nouveau *Barbara*, à laquelle il vient d'accorder son assentiment. Ces deux propositions, *Tous les étymologistes sont au courant de l'origine du mot baroque* et *Quelques étymologistes ne sont pas au courant de l'origine du mot baroque,* ne peuvent pas être vraies ensemble. Bref, s'il refuse le *baroco* initial, il doit également refuser le *Barbara* final. Mais alors il ruine toute la logique qui repose sur lui, et ne peut même plus raisonner. Par contrecoup, il n'a plus qu'à reconnaître que, pour préserver le *Barbara*, et avec lui toute la logique, on ne peut pas refuser le *baroco.*

CQFD.

Deuxième partie

Logique des propositions

inanalysées

La proposition hypothétique

À la suite des Stoïciens, la logique des propositions inanalysées ne s'occupe que des propositions qu'on ne décompose pas (en sujet et prédicat), dans la mesure où elle exprime un fait, ou une action.

Paul marche.
Il pleut.

C'est d'ailleurs pourquoi ces propositions seront beaucoup plus faciles à formuler en langage mathématique : p, q, etc.

A la différence des propositions catégoriques, la proposition ou jugement hypothétique exprime un lien, non entre deux concepts, mais entre deux propositions prises en bloc. Les scolastiques parlaient de propositions composées.

Il en existe 3 types fondamentaux, plus 1 :

1- Le jugement conjonctif, ou conjonction
2- Le jugement disjonctif, ou disjonction
3- Le jugement conditionnel ou implication
4- Le jugement équivalent ou équivalence

La conjonction

Une conjonction ou jugement conjonctif relie deux propositions par *et.*

Demain Pierre et *Paul viendront me rendre visite*

Écriture formalisée :
Pierre viendra me rendre visite   = p
Paul viendra me rendre visite   = q
Soit :   p Λ q

Le symbole Λ semble bien le plus commode pour formaliser la conjonction car il est l'inverse du V qui symbolisera la disjonction.

Loi
Pour qu'une conjonction soit vraie, il faut que les deux propositions soient vraies.
Donc si l'une est fausse, la conjonction est fausse.

Dans notre exemple ci-dessus, il faut que Pierre et Paul viennent tous les deux pour que la proposition conjonctive soit vraie. Si l'un des deux seulement ne vient pas, cette conjonction sera fausse.

Table de vérité
On vérifie cela en dressant la table des valeurs de vérité de la conjonction selon toutes les combinaisons possibles de vérité et de fausseté de chacune des deux propositions conjuguées.

Nous avons 2 variables (p,q) pouvant avoir chacune 2 valeurs de vérité (V,F)[4], soit 2^2 combinaisons = 4.

On les répartit ainsi dans la table.

p	Λ	q
V		V
V		F
F		V
F		F

Il n'y a plus qu'à écrire les valeurs de vérité de la conjonction sous le Λ, dans chaque combinaison. Nous obtenons la *matrice* de la conjonction.

p	Λ	q
V	V	V
V	F	F
F	F	V
F	F	F

---

[4] La logique moderne a remplacé tout simplement les signes V et F par les signes 1 et 0, ce qui a eu un avenir considérable en informatique.

La disjonction

La disjonction relie deux propositions par *ou (ou bien)*.

Ou peut avoir deux sens, il y a donc deux types de disjonction :

1- la disjonction large (inclusive)

un bon musicien sait jouer du piano ou *du violon* (sous-entendu, peut-être aussi des deux)

Elle est vraie si l'une des propositions est vraie ou même les deux. Elle n'est fausse que si les deux sont fausses.

On la symbolise par V (1ère lettre de *vel* en latin).

Sa matrice est :

p	V	q
V	**V**	V
V	**V**	F
F	**V**	V
F	**F**	F

2- la disjonction stricte (exclusive)

Une porte doit être ouverte ou *fermée*
(Impossible qu'elle soit les deux en même temps, ou qu'elle ne soit ni l'une ni l'autre)

Elle est vraie si une, et une seulement, des propositions est vraie. Elle est fausse si les deux sont fausses, ou si les deux sont vraies.

On la symbolise par W (V redoublé).

Sa matrice est :

p	W	q
V	**F**	V
V	**V**	F
F	**V**	V
F	**F**	F

La proposition conditionnelle

Elle consiste en deux propositions reliées par si... alors... Elle exprime une condition.

Si tu travailles, alors tu auras ton baccalauréat
　　p　　　　→　　　　　q

A la différence de la conjonction et de la disjonction, les propositions du jugement conditionnel, ou implication, ne sont pas intervertibles. L'implication n'est pas commutative, alors que les conjonction et disjonction le sont.

La première proposition (conditionnante), p, s'appelle l'*antécédent*. La seconde (conditionnée), q, s'appelle le *conséquent*.

Loi

Pour qu'un jugement conditionnel soit vrai, il suffit que la conséquence (l'enchaînement logique) soit bonne. La vérité matérielle n'est pas prise en compte.

Cela signifie qu'on peut conclure logiquement (conséquence valide, ou implication vraie formellement) le vrai à partir du vrai, le faux à partir du faux, le vrai à partir du faux, mais jamais le faux à partir du vrai. Dans ce dernier cas, on serait sûr de s'être trompé dans l'enchaînement de la conséquence.

Pour le dire dans l'autre sens, une implication n'est fausse que lorsqu'elle prétend aboutir à une proposition fausse en partant d'une proposition vraie. Dans tous les autres cas, elle est vraie.

Exemples :

- Du vrai au vrai

Si le ciel est dégagé, il fait beau.

p (vrai) → q (vrai)

valide

- Du faux au faux

Si je suis un géant, je peux manger 12 sangliers.

p (faux) → q (faux)

valide

- Du faux au vrai

Si Éole déchaîne les vents, la tempête se lève.

p (faux) → q (vrai)

valide

- Seule erreur de logique, du vrai au faux

Si les girafes ont un grand cou, alors elles ont besoin de six pattes pour assurer leur équilibre.

p (vrai) → q (faux)

invalide

Matrice

p	→	q
V	**V**	V
V	**F**	F
F	**V**	V
f	**V**	F

La proposition équivalente

Le jugement équivalent est composé de deux propositions qui ont la même valeur de vérité : toutes les deux sont vraies, ou toutes les deux sont fausses.

Elle correspond à l'égalité en mathématiques. Comme elle, elle est particulièrement utile pour énoncer que deux propositions reviennent au même, ou que deux formules (en langage courant ou en langage mathématisé) disent la même chose.

L'équivalence est symbolisée par la flèche à double sens.

Matrice

p	↔	q
V	**V**	V
V	**F**	F
F	**F**	V
F	**V**	F

Le syllogisme hypothétique

Avec les propositions précédentes on va fabriquer des syllogismes en les enchaînant. Comme le syllogisme catégorique, le syllogisme hypothétique (c'est-à-dire qui part d'une proposition admise comme hypothèse), se compose de trois propositions :

- une majeure
- une mineure
- une conclusion.

- La majeure consiste en un jugement composé de deux propositions (conjonction, disjonction ou implication),
- La mineure pose ou exclut (affirme ou nie), l'une des propositions de la majeure,
- La conclusion pose ou exclut l'autre.

Selon la majeure il y a donc trois types de syllogisme hypothétique :

- le syllogisme conjonctif
- le syllogisme disjonctif
- le syllogisme conditionnel

Le syllogisme conjonctif

Un seul mode valide, on l'appelle le syllogisme d'incompatibilité :
la majeure est la négation d'une conjonction,
la mineure pose l'un des termes,
la conclusion exclut l'autre.

Exemple :

Il est impossible d'être un grand musicien et de mépriser Berlioz,
or ce monsieur méprise Berlioz,
donc il n'est pas un grand musicien.

ou bien :

Il est impossible d'être un grand musicien et de mépriser Berlioz
or ce monsieur est un grand musicien
donc il ne méprise pas Berlioz

Ce syllogisme est le seul mode correct à partir d'une conjonction. Les logiciens du Moyen-Age disent qu'il est construit en ponendo (quand je dois poser ou affirmer) tollens (j'exclus).
On le formalisera de la manière suivante :

- être un grand musicien = p
- mépriser Berlioz = q

- Il est impossible d'être un grand musicien et de mépriser Berlioz,

NB : (la négation d'une opération s'écrit avec la barre située au dessus d'elle)

$$\overline{p \wedge q}$$

- or ce monsieur méprise Berlioz,

$$q$$

- donc il n'est pas un grand musicien.

$$\overline{p}$$

ou sur une seule ligne :

$$[(\overline{p \wedge q}) \wedge q] \rightarrow \overline{p}$$

Vérification par les tables de vérité

On commence par écrire les valeurs des variables contenues dans les parenthèses les plus incluses dans d'autres, puis on calcule la valeur de leurs opérateurs, et en dernier la valeur de l'opérateur principal.

Soit, dans le cas présent, dans l'ordre :

1 – d'abord les colonnes 1 et 3 : on écrit leur résultat dans la colonne 2 :

[(p	Λ	q)	Λ	q]	→	p̄
v	**F**	v				
v	**V**	f				
f	**V**	v				
f	**V**	f				

2-puis le résultat de 2 et 5 en colonne 4 :

[(p	Λ	q)	Λ	q]	→	p̄
	f		**F**	v		
	v		**F**	f		
	v		**V**	v		
	v		**F**	f		

3-en dernier lieu, le résultat de 4 et 7 en colonne 6 :

[(p	Λ	q)	Λ	q]	→	p̄
			f		**V**	f
			f		**V**	f
			v		**V**	v
			f		**V**	v

Ce qui donne bien au total :

[(p	∧	q)	∧	q]	→	‾p
v	F	v	F	v	**V**	f
v	**V**	f	F	f	**V**	f
f	**V**	v	V	v	**V**	v
f	**V**	f	F	f	**V**	v

Le syllogisme disjonctif

Selon que la majeure est une disjonction large ou une disjonction stricte, on aura deux types de syllogisme disjonctif.

Le syllogisme disjonctif strict :
La majeure est une disjonction stricte
La mineure pose ou exclut l'un des termes,
La conclusion exclut ou pose l'autre.

Il y a donc deux modes corrects.

1- En *ponendo tollens* (poser pour exclure)

Le voleur est passé par la fenêtre ou par la porte, (impossible qu'il soit passé par les deux à la fois)
or il est passé par la porte,
donc il n'est pas passé par la fenêtre.

[(p	W	q)	Λ	q]	→	$\overline{p}$
v	f	v	f	v	**V**	f
v	v	f	f	f	**V**	f
f	v	v	v	v	**V**	v
f	f	f	f	f	**V**	v

2- En *tollendo ponens* (exclure pour poser)

Le voleur est passé par la fenêtre ou par la porte,
or il n'est pas passé par la porte,
donc il est passé par la fenêtre.

[(p	W	q)	∧	q̅]	→	p
v	f	v	f	f	**V**	v
v	v	f	v	v	**V**	v
f	v	v	f	f	**V**	f
f	f	f	f	v	**V**	f

Le syllogisme disjonctif large :
La majeure est une disjonction large
La mineure exclut l'un des termes,
La conclusion pose l'autre.
Soit un seul mode : en *tollendo ponens*

Cet homme est bête ou méchant. (il peut être les deux)
or il n'est pas bête,
donc il est méchant.

[(p	V	q)	∧	p̅]	→	q
v	v	v	f	f	**V**	v
v	v	f	f	f	**V**	f
f	v	v	v	v	**V**	v
f	f	f	f	v	**V**	f

Le syllogisme conditionnel

La majeure est un jugement conditionnel.

La mineure pose ou exclut l'antécédent ou le conséquent.

La conclusion exclut ou pose l'autre proposition.

Seules deux figures sont correctes :

- En *ponendo ponens* :
La mineure pose l'antécédent.
La conclusion pose le conséquent.

S'il pleut le sol est mouillé,
or il pleut,
donc le sol est mouillé.

[(p	→	q)	∧	p]	→	q
v	v	v	v	v	V	v
v	f	f	f	v	V	f
f	v	v	f	f	V	v
f	v	f	f	f	V	f

- En *tollendo tollens* :
La mineure exclut le conséquent.
La conclusion exclut l'antécédent.

> *S'il pleut le sol est mouillé,*
> *or le sol n'est pas mouillé,*
> *donc il ne pleut pas.*

[(p	→	q)	∧	q̄]	→	p̄
v	v	v	f	f	**V**	f
v	f	f	f	v	**V**	f
f	v	v	f	f	**V**	v
f	v	f	v	v	**V**	v

Il convient de faire particulièrement attention au sophisme qui consisterait à exclure l'antécédent dans la mineure et de là à conclure à l'exclusion du conséquent. En effet la négation de l'antécédent n'implique pas la négation du conséquent.

Si on reprend le même exemple :

> *S'il pleut le sol est mouillé,*
> *or il pleut,*
> *donc le sol est mouillé.*

On n'a pas le droit de conclure que le sol n'est pas mouillé s'il ne pleut pas.

S'il pleut le sol est mouillé,
or il ne pleut pas,
donc le sol n'est pas mouillé.

Les relations logiques entre l'antécédent et le conséquent dans l'implication ne sont pas réciproques. L'implication affirme que l'antécédent suffit à entraîner le conséquent, mais il ne lui est pas nécessaire pour autant. Il suffit qu'il pleuve pour que le sol soit mouillé, mais ce n'est pas nécessaire. Car le sol peut fort bien être mouillé par une autre raison. Encore une fois, et malgré la fréquence de cette erreur, la négation de l'antécédent n'implique pas la négation du conséquent. On dit que **l'antécédent est condition suffisante mais non-nécessaire du conséquent**.

[(p	→	q)	∧	$\overline{p}$]	→	$\overline{q}$
v	v	v	f	f	**V**	f
v	f	f	f	f	**V**	v
f	v	v	v	v	**F**	f
f	v	f	v	v	**V**	v

On voit bien qu'il y a un cas où l'enchaînement est faux. Cette figure n'est pas valide.

En revanche **le conséquent est la condition nécessaire mais non-suffisante de l'antécédent**, c'est-à-dire que si le conséquent n'est pas donné, il est nécessaire que l'antécédent ne le soit pas non plus. Si le sol n'est pas mouillé, on peut être sûr qu'il ne pleut pas. Mais il ne suffit pas que le sol soit mouillé pour qu'on puisse être assuré qu'il pleut. Car la position du conséquent n'implique pas la position de l'antécédent.

D'où les deux seules figures du syllogisme conditionnel

Ce qui revient à dire encore que l'implication n'est pas réciproque ou qu'elle ne peut être réciproquée.

Équivalences fameuses

On peut dans certains cas passer d'une opération à l'autre par l'entremise d'équivalences.

On en compte essentiellement deux séries :
- L'équivalence entre l'implication et la disjonction,
- Les lois de De Morgan.

De l'implication à la disjonction

$$(p \rightarrow q) \leftrightarrow (\overline{p} \lor q)$$

Si tu travailles, tu auras ton bac.
est équivalent à :
ou bien tu ne travailles pas, ou bien tu auras ton bac
(puisque dans ce dernier cas, tu auras travaillé)

(p	→	q)	↔	(p̄	V	q)
v	v	v	**V**	f	v	v
v	f	f	**V**	f	f	f
f	v	v	**V**	v	v	v
f	v	f	**V**	v	v	f

Lois de De Morgan

On doit leur formulation à Augustus De Morgan, un mathématicien et logicien anglais (1806-1871). Elles consistent à passer de la conjonction à la disjonction, ou réciproquement.

1- La négation de la disjonction équivaut à la conjonction de la négation des deux termes :

$$\overline{(p \lor q)} \leftrightarrow (\overline{p} \land \overline{q})$$

*Il est faux que la lune est verte **ou** bleue.*
équivaut à :
*La lune n'est pas verte **et** la lune n'est pas bleue.*

$\overline{(p}$	$\lor$	$q)$	$\leftrightarrow$	$(\overline{p}$	$\land$	$\overline{q)}$
v	f	v	**V**	f	f	f
v	f	f	**V**	f	f	v
f	f	v	**V**	v	f	f
f	v	f	**V**	v	v	v

2- La négation de la conjonction équivaut à la disjonction des deux termes niés :

$$\overline{(p \land q)} \leftrightarrow (\overline{p} \lor \overline{q})$$

81

*Il est faux que la Terre soit à la fois bleue **et** comme une orange.*

équivaut à :

*La Terre n'est pas bleue, **ou** elle n'est pas comme une orange.*

$\overline{(p}$	$\overline{\Lambda}$	$\overline{q)}$	↔	$(\overline{p}$	V	$\overline{q})$
v	f	v	**V**	f	f	f
v	v	f	**V**	f	v	v
f	v	v	**V**	v	v	f
f	v	f	**V**	v	v	v

82

Le dilemme

Le dilemme est un raisonnement composé de trois variables (ce qui donnera $2^3 = 8$ combinaisons), et de trois prémisses : 1 disjonction de 2 hypothèses et la position ou la négation de chacune des deux. D'où le nom du raisonnement : dilemme, c'est-à-dire deux lemmes ou hypothèses.

Contrairement à sa réputation trop bien établie dans les préjugés séculaires, sa conclusion dans tous les cas sera la même, quelle que soit l'hypothèse retenue. Il écarte donc par principe les cas de conscience inutiles.

Il y a deux formes de dilemme.

Le dilemme positif

Il est fondé sur la position de l'antécédent :

*le voleur est rentré quand le vigile guettait **ou** quand il dormait.*

S'il guettait, ce dernier est coupable d'avoir mal fait son devoir.

s'il dormait, il est coupable aussi d'avoir mal fait son devoir,

donc dans les deux cas, il est coupable...

$$[(p \lor q) \land (p \rightarrow m) \land (q \rightarrow m)] \rightarrow m$$

Le **dilemme négatif**

Il est fondé sur la négation du conséquent. Les logiciens du Moyen Age l'appelaient le « dilemme cornu ».

S'il y a eu un intrus, il est forcément entré par la porte ou par la fenêtre,
or personne n'est entré par la porte,
et personne n'est entré par la fenêtre,
donc il n'y a pas eu d'intrusion.

$$[p \rightarrow (q \lor m) \land \overline{q} \land \overline{m}] \rightarrow \overline{p}$$

Troisième partie

Les sophismes

Les sophismes de mots

Un sophisme est un raisonnement faux (formellement) ou invalide, mais qui a l'apparence d'être vrai. Ou dont la faute de logique est cachée.

Aristote en distingue deux sortes :
- les sophismes de mots
- les sophismes de raisonnements.

Les sophismes de mots sont de trois sortes :

Sophismes qui résultent d'une ambiguïté de sens

Le rat est un rongeur,
rat est un monosyllabe,
donc quelques monosyllabes sont des rongeurs.

Sophismes provenant d'une ambiguïté de construction

Il y a conscience de ce qu'on connaît,
or je connais cet arbre,
donc cet arbre possède la conscience.

Sophismes du sens divisé et du sens composé

Ce petit excès alimentaire ne me fera pas de mal,
celui-ci non plus,
cet autre pas davantage,
etc.
donc ces petits excès alimentaires ne me feront pas de
mal.

Les sophismes de raisonnements

On peut en distinguer deux sortes :

Les sophismes d'induction
Parmi les plus courants, tous ceux qui fonctionnent par généralisation abusive.

Cet homme politique est corrompu,
cet autre aussi, celui-là l'est encore, etc.
donc tous les hommes politiques sont corrompus.

Les sophismes de déduction
Les plus fameux sont :

- la pétition de principe.
Elle consiste à croire démontrer une thèse en partant d'une prémisse équivalente à elle. On l'appelle aussi un cercle vicieux.

Tout ce qui est pesant tombe vers le centre du monde,
or nous voyons bien que tous les corps pesants tombent tous vers le centre de la Terre,
donc la Terre est le centre du monde.

- Le sophisme que les logiciens du Moyen Age appelaient le sophisme « par empoisonnement du puits ».
Il consiste à réfuter une thèse en dénigrant celui qui la soutient.

Le message christique est un message d'amour entre les hommes,

or les chrétiens sont volontiers hypocrites, fourbes et intéressés,

donc le message christique est irrecevable.

Autres sophismes

Il faut noter enfin que tous les autres sophismes possibles résultent d'une infraction aux règles du syllogisme, soit catégorique, soit hypothétique.

Infraction aux règles du syllogisme catégorique

Tous les génies sont méconnus,
or je suis méconnu,
donc je suis un génie.

Infraction aux règles du syllogisme hypothétique

Si on est mécontent du gouvernement, alors on participe à la grève,
or Paul est content du gouvernement,
donc Paul ne participe pas à cette grève.

On retrouvera très aisément dans les pages précédentes les fautes commises ci-dessus.

Le plus célèbre, pour finir

Tout ce qui est rare est cher,
un pull bon marché est rare,
donc un pull bon marché est cher.

Jolie contradiction. En fait, il n'y a pas de faute contre les règles du syllogisme, mais si on y regarde attentivement, on voit que la mineure (par conversion simple) est la contradictoire de la majeure. Il est donc logique que la conclusion répète la contradiction contenue dans les deux prémisses.

Solution des exercices

Exercice de la page 31 :

1- Quelques chemins ne mènent pas à Rome

2- A : Toutes les paroles sont sources de malentendus

E : Aucune parole n'est source de malentendus

O : Quelques paroles ne sont pas sources de malentendus

3- Toutes les fumées sont sans feu

4- Quelques professeurs sont pédagogues

Exercice de la page 34 :

1- Rien

2- O : Quelques avocats ne sont pas sans scrupules

E : Aucun avocat n'est sans scrupules

3- E : Aucun avocat n'est sans scrupules

4- A : Tous les avocats sont scrupules

Table des matières

Première partie. Logique des propositions analysées

Deuxième partie. Logique des propositions inanalysées

Troisième partie. Les sophismes